Le matérialisme historique et le principe du phénomène social[1].

§ 1. — Le principe du phénomène, dans son application à la sociologie, peut être exprimé dans deux propositions, qui, quoique contradictoires en apparence, sont néanmoins intimement reliées entre elles par l'unité de la pensée. La première est que *l'homme est la seule réalité de la vie sociale*, ce qui signifie que tous les processus sociaux se passent dans la conscience individuelle et ne se passent que là, où est à la fois leur source et la raison suffisante de leur existence ; le monde social n'en dépasse pas les limites, car elle est l'unique conscience ; il ne peut pas exister hors de l'homme, puisque l'homme, — comme être pensant, — est sa substance même. — Mais en même temps se pose la proposition inverse : *la seule réalité, c'est l'élément social*, l'individu n'étant qu'une systématisation accidentelle des phénomènes, une illusion provenant du domaine *prépensif* ; car ce qui constitue notre « moi » propre, ce que nous ressentons comme étant nous-même, c'est de la substance sociale ; toute notre vie intellectuelle, les états psychiques qui sont soumis à l'action de notre aperception, présentent une nature purement sociale ; quant à l'*individualité* elle s'oppose à eux, comme étant seulement ce qui constitue la matière intuitive pour l'action de notre aperception, des *données* d'une nature émotionnelle servant aux opérations de la pensée, et qui ne possèdent pour nous la valeur d'un phénomène réel qu'en tant qu'ils sont aperceptivement déterminés comme objet de la pensée.

L'application de ce principe à la méthode sociologique consisterait à savoir retrouver dans chaque abstraction sociale la face humaine, et à y saisir ce nœud vital de la réalité, dont les pulsations nous apparaissent dans des formes en apparence métaphysiques, des *catégories* sociales. Étant donné une forme sociale quelconque, comme la propriété, les lois de l'échange, la constitution politique, le code des mœurs, cette forme, étant de sa nature même l'organisation sociale d'une certaine réalité originaire humaine, nous apparaît, dans son caractère d'abstraction, comme produit dérivé de la vie collective ; il faut donc, au lieu de considérer ces données formelles comme s'imposant à l'homme d'une sphère étrangère à lui, comme autant de copies de modèles « métaphysiques » sommeillant depuis des siècles au sein de la raison impersonnelle, les ramener à leur *expression humaine*, pénétrer leur côté dynamique, reconnaître ce qui s'organise et se consolide dans les catégories économiques et juridiques données. C'est de ce point de vue philosophique que nous voulons analyser quelques-unes des principales notions de la théorie du « matérialisme historique », ce qui pourra nous donner en même temps certaines indications sur le *phénoménalisme* dans son application aux problèmes de l'histoire.

I

§ 2. — Avant tout, commençons par le problème le plus essentiel : *qu'est-ce qui détermine l'organisation sociale ?* Le « matérialisme » indique la catégorie *économique* des faits. Mais qu'est-ce que cette catégorie elle-même ? Considérée du cote formel et statique, elle se présente comme l'organisation des rapports de la propriété et de l'échange, laquelle ne trouve sa valeur réelle que dans son expression juridique. Quant au côté dynamique de l'organisme juridique et économique, quant au laboratoire où les formes s'élaborent, et qui se cache sous elles, c'est la *production* ; c'est elle qui constitue en même temps cette chaudière alchimique où l'histoire et la civilisation jettent toutes leurs acquisitions et tous leurs produits pour qu'ils s'y transforment en germes d'une nouvelle vie sociale[2] C'est là, dans les manufactures et les usines, dans les sillons des champs, donc là où se meuvent des hommes vrais avec leurs besoins et leurs capacités productives, que se prépare sans interruption ce ferment social qui force les *catégories* historiques à tout leur manège dialectique, — cette matière de la vie collective, qui se cristallise à sa surface dans les formes consolidées des faits économiques, moraux ou politiques. Il y a là comme un *idioplasme* des organismes sociaux, qui, tout en donnant naissance aux divers organes et fonctions, tout en s'entourant d'un tissu d'abstractions juridiques et autres émanations ininterrompues, qui sont l'idéologie collective et qui forment autour de leur source comme une nébuleuse de vapeurs, signe visible de la vie en ébullition dans son intérieur, réattire sans cesse et se réincorpore les éléments des modifications produites à la surface pour en refondre dans son sein l'essence en germes idioplastiques nouveaux et recommencer avec eux le processus révolutionnaire de l'élaboration d'un nouvel organisme. Tout ce que la politique, les mœurs, la science ou la religion déposent dans le cerveau humain, chaque fait de l'histoire, chaque acquisition de la civilisation, tend à se transformer en quelque nouveau *besoin* ou *capacité productive*, et, sous l'un ou l'autre de ces aspects, descend dans cette profonde couche de la vie sociale où fermente continuellement sa matière formative : des forces techniques en lutte adaptative avec la tension vitale. De cette manière, chaque époque d'histoire écoulée laisse son héritage révolutionnaire ; chassée de la surface de la terre comme un fantôme du passé, elle continue néanmoins a vivre dans les ferments profonds de l'organisation sociale, sous l'aspect de ses symboles techniques et culturels. L'invention d'*Arkwright*, en introduisant dans la manufacture une nouvelle force productive, devient le point de départ de divers processus sociaux : les petits tisserands font faillite et augmentent les rangs du prolétariat salarié ; les champs des paysans serfs se transforment en pâturages pour les moutons ; les expropriés portent, des campagnes dans les villes, leur force-travail à bas prix ; le foyer domestique est ébranlé dans ses fondements par le travail industriel des femmes et des enfants ; les règles des corporations et du servage sont réduites à l'absurde par la production mécanique ; l'artisan ruiné, l'agriculteur transporté dans la fabrique, la femme arrachée à sa retraite domestique, deviennent autant de cerveaux d'où rayonne une nouvelle *idéologie*. Mais ce même point de départ technique est en même temps le *produit* d'une multitude de processus sociaux hétérogènes qui l'ont précédé : il a fallu la séparation entre la campagne et la ville, la destruction de la production naturelle, des marchés élargis, des voies commerciales protégées, la sécurité assurée par l'État, le développement des sciences exactes, pour que l'invention d'*Arkwright* pût apparaître comme un élément nouveau de la production *sociale* ; les siècles de la Renaissance et de la Réforme, les insurrections des paysans, les luttes de l'absolutisme monarchique contre les seigneurs féodaux, l'esprit d'aventure des navigateurs, les travaux des Galilées et des Newtons, des milliers d'efforts héroïques déposés sur les autels des diverses idées, tout cela, quoique n'ayant, dans la conscience humaine, rien de commun avec la technique productive et la culture vitale, néanmoins *historiquement*, par le processus inconscient d'une causalité objective, se transformait définitivement en nouveaux facteurs techniques et culturels, d'où est sortie la production mécanique. On pourrait dire qu'après chacun de ces processus qui s'étaient déroulés sur la scène sociale, engageant des éléments politiques, moraux et scientifiques hétérogènes, il restait toujours comme un certain résidu — de nouvelles capacités productives et de nouveaux besoins vitaux, — résidu en fermentation, qui, s'introduisant sous ce double aspect dans les profondeurs de la production, transforme ses formes existantes et par là étend son action révolutionnaire à tous les domaines de la vie sociale.

§ 3. — Mais de quelle manière la production transforme-t-elle l'ensemble de l'organisation sociale ? Par la vertu de quelles propriétés mystérieuses peut-elle posséder le privilège de façonner tous les processus de la vie collective, qui, par leur nature même, par leur contenu socio-psychologique (religieux, idéologique, politique, moral) lui sont tellement étrangers et sans mesure commune ? La réponse se trouve dans la *méthode* même, qui, envisageant les faits historiques dans leur *devenir*, pénétrant à travers les formes inanimées des catégories économiques et juridiques jusqu'à cette matière de la réalité vitale dont elles sont formées, ramène toutes les abstractions sociales à leur expression humaine. Pour apprécier le rôle de la production comme ferment de la vie sociale, qui pénètre par des voies invisibles dans toutes ses ramifications, atteignant jusqu'à la sphère la plus idéologique, il faut distinguer le côté organisé de la production — de ce qui s'organise, la forme — de sa matière créatrice ; la forme de la production est inséparablement unie avec tout le côté formel de la vie sociale, — avec la propriété, l'échange, le code civil qui règle les rapports entre producteurs, propriétaires et consommateurs, et ne peut en être séparée comme un processus indépendant. Ainsi, par exemple, la production féodale, qui de son côté formel se présente comme l'institution de la tenure censive, et dont le caractère est que le producteur, satisfaisant directement à ses besoins, remet au propriétaire la plus-value sous la forme de produits naturels, contient aussi comme élément essentiel le droit de la propriété usufruitière et conditionnée de la terre avec tout son appareil coutumier et politique, réglant les rapports des seigneurs et des tenanciers ; dépouillée de ces éléments juridiques, elle perd tout son sens historique. — D'autre part, cependant, la production se présente comme une certaine matière vitale qui conditionne et détermine ses formes ; la forme de la production ne s'appuie pas sur un échafaudage abstrait de l'organisation juridique ; aucun code, aucune idée législative ne pourraient l'appeler à la vie par eux-mêmes ; ce qui se retrouve immédiatement au-dessous d'elle et dont l'influence la détermine, c'est la technique et la culture sociales entrant dans un certain rapport de corrélation dans l'individu humain — sous la forme de son intérêt vital. La *technique*, en tant que totalité des capacités productives dont la société dispose à un moment donné, étant l'expression réelle des besoins sociaux, crée en même temps et appelle à la vie son expression idéale dans les cerveaux humains, de nouveaux besoins culturels ; la *culture*, en tant que totalité des besoins vitaux socialisés dans les coutumes, conditionnant nécessairement l'existence sociale d'une technique donnée, en tire néanmoins cité-même sa sève vitale ; toutes les deux *se créent* réciproquement en s'efforçant d'entrer l'une avec l'autre dans un certain rapport déterminé ; et de cette adaptation mutuelle des deux éléments fondamentaux de la vie sociale, — capacités et besoins, — surgissent immédiatement les *formes* de la production, comme sa face organisée et explicite, dans les lois et les institutions publiques. Il n'est pas moins évident que la recherche mutuelle de ces deux éléments, aussi essentiellement humains et concrets que le sont les besoins et les capacités productives, leur tendance naturelle à constituer entre eux un rapport réel étant le processus primitif et déterminant l'organisation sociale, ne peuvent pas se développer dans le domaine supra-individuel, collectif, abstrait ; là seulement peuvent se trouver des besoins et des capacités où existent de vrais cerveaux et des cœurs humains, où se trouve l'être vivant qui désire et produit ; en lui donc seulement, dans l'individu, cette unique réalité qui sait souffrir et penser, peut, se former le véritable nœud vibrant de vie entre la technique et la culture *sociale*, entre ces deux éléments, — les besoins et les capacités, — qui, étant la dernière transformation de tous les processus historiques l'expression commune de toute l'hétérogénéité de la vie sociale, forment, en se mettant entre eux dans un certain rapport dans le corps vivant de l'homme, le germe idioplastique de l'organisme social.

Si donc nous considérons que la destinée de chaque processus historique est de se transformer en éléments techniques ou culturels, car chacun d'eux, quoique exprimé dans les termes abstraits d'une « collectivité » sociale, se passe néanmoins définitivement dans les cerveaux concrets humains, éveillant là, nécessairement, certains désirs et certains efforts vitaux ; si, en outre, nous remarquons que ces éléments-là, produits de l'histoire incorporés dans l'intérêt de la vie individuelle, s'accumulent immédiatement sous la forme de la production comme sa matière formative, car ce qui reste dans le domaine économique, après en avoir écarté son côté juridique, ce ne sont que les formes techniques et les besoins culturels et que ceux-ci comme celles-là, inséparablement unis entre eux et se recherchant mutuellement, quoique étant d'une origine sociale ne peuvent néanmoins former entre eux un rapport réel que là où les abstractions sociales se décomposent en leurs *concreta* humains ; si nous prenons tout cela en considération, alors il deviendra évident que cette propriété mystérieuse, qui fait de la production des richesses le substrat fondamental et le noyau formatif des organisations sociales, consiste en ceci : que c'est ici, sur le terrain des processus économiques, que les forces sociales se rencontrent et coopèrent entre elles dans l'homme vivant, où elles retrouvent leur source primitive et leur point d'appui réel.

Il en résulterait qu'au fond de toute organisation sociale on pourrait retrouver un certain rapport spécifique entre la technique et la culture, exprimé *individuellement*, et que cette coopération des capacités productives sociales et des besoins dans l'individu serait la vraie âme vivifiante de l'histoire, la vie collective *in nuce*, saisie de son côté réel. En effet, on pourra retrouver dans toute la série des organisations sociales ce fil biologique allant dans leurs profondeurs si, en recherchant pour les institutions juridiques et les courants d'idées leur corrélatif économique, on ne s'arrête pas à la forme de la production, vu qu'elle-même n'est qu'une organisation manifeste de quelque chose d'essentiel, mais qu'on atteigne jusqu'à son fond, jusqu'à sa matière formative : la technique sociale et la culture entrant dans un rapport réel par l'intermédiaire de l'individu. De cette manière, l'histoire de l'humanité se déroulera devant nous comme une série de cycles révolutionnaires, dont chacun, sortant de ce noyau vivant où se noue ledit rapport et passant par les divers processus économiques, politiques et moraux, y retourne, au bout du compte, en y apportant de nouveaux éléments techniques et culturels, derniers produits des processus accomplis sur la scène publique. Tâchons de retrouver, pour certaines époques, cette *expression individuelle* propre, qui concentre en elle et détermine la vie sociale organisée de chaque époque donnée.

§ 4. — Dans la société primitive (*gens*), comme corrélatif économique de ses institutions coutumières : le droit de propriété communale, la démocratie politique, la solidarité tribale, le culte des ancêtres, — nous trouvons la *communauté du travail*, la production collective. Si, cependant, nous voulions attribuer à cette *forme* de la production la qualité de base fondamentale des institutions gentiles, nous tomberions facilement dans un cercle vicieux, car cette même communauté du travail peut parfaitement être considérée comme résultant du droit de propriété commune et de la solidarité familiale, étant donné qu'il ne put être un temps où les hommes aient produit selon une certaine forme organisée dans les coutumes sans connaître encore aucune loi de la propriété et sans que des liens moraux les unissent entre eux. Le travail commun peut donc être considéré aussi bien comme cause que comme effet de tout le communisme de la vie des anciennes *gentes*, puisqu'un fait appartenant au côté organisé de la vie sociale ne peut jamais être séparé de l'ensemble et envisagé à l'état isolé. Il faut donc chercher la cause déterminante du côté opposé, dans les facteurs que nous retrouvons immédiatement sous la forme de la production comme étant sa matière créatrice, — dans la technique et les besoins de cette société, dont le rapport mutuel consiste en ce que *la faculté productive de l'individu est inférieure à la somme de sa subsistance*. Il s'ensuit qu'une « Robinsonade » était impossible ; l'unité productive ne pouvait être qu'une collectivité, et c'est, précisément dans ce rapport de l'individu avec son milieu social qu'était impliquée la cause déterminante du communisme primitif.

Mais ces formes communistes et l'atmosphère morale de la solidarité tribale qui les pénétrait n'étant que la manifestation sociale organisée d'une même réalité individuelle vitale, entrent dans le mouvement dialectique propre à chaque organisme. La raison d'être sociale de la solidarité intérieure de la tribu consistait à assurer la vie des individus, à remédier à l'incapacité individuelle à l'aide du communisme coutumier de la communauté ; le communisme, atteignant son but, agrandissant par cela même les forces économiques de la société gentile, la solidarité morale faisait de nouvelles conquêtes culturelles et techniques ; plus elle répondait a son problème vital, en écartant l'incapacité de l'individu dans sa lutte contre la nature, et plus profondément elle sapait sa propre base vitale, introduisant dans son intérieur de nouvelles facultés productives, de nouveaux besoins acquis par le génie collectif. De cette manière, le communisme primitif, en accomplissant sa tâche économique, aboutit à sa contradiction ; l'individu, grâce au développement social de ses facultés, devient l'unité productrice ; le rapport entre la technique et la culture se transforme de telle façon que *la faculté productive de l'individu corresponde à la somme de sa subsistance*, rendant possible par cela même sa séparation de la collectivité, son émancipation individuelle des entraves de l'égalité tribale, des anciens préjugés communistes, qui, étant donnés les nouveaux besoins culturels, l'éveil de la force de l'individualisme, restreignent et oppriment par leur codification traditionnelle le libre développement des intérêts vitaux de l'homme. Sur ce nouveau nœud, qui s'établit dans l'individu entre la technique sociale et la culture, se greffe une nouvelle organisation de la vie sociale : les communes se désagrègent en exploitations privées ; le travail individuel isolé remplace le travail collectif ; la propriété individuelle, avec tous ses attributs juridiques, acquiert une étendue de plus en plus large dans l'économie sociale, des objets d'utilité et de l'enclos domestique s'étendant aux terres arables et au bétail, et de la forme de la possession viagère, que la commune concédait à l'individu d'une manière conditionnelle lors des partages périodiques, passant à la forme héréditaire du *jus utendi et abutendi*. De ces nouvelles formes de vie sociale émane une atmosphère morale qui est la négation de l'ancienne solidarité communiste ; l'individualisme économique produit les antagonismes des intérêts privés, oppose l'individu à la société, introduisant dans les rapports humains le grossier intermédiaire qu'est l'*État*.

§ 5. — Si maintenant nous remarquons que l'individualisme économique, la transmission du rôle de producteur de la collectivité à l'individu, étaient la condition indispensable de la première apparition des classes sociales et de l'exploitation du travail, que c'est seulement avec l'égalisation des facultés productives de l'individu au minimum de ses besoins culturels que pouvait apparaître la *plus-value*, une source de bien-être individuel inconnue et impossible dans les temps de la culture primitive, — alors nous verrons aussi que la formule technique et culturelle dans laquelle la capacité productive de l'individu est *égale* à la somme de sa subsistance, la formule qui est le produit du communisme primitif, le réel héritage de l'esprit barbare de la solidarité tribale, est en même temps le substrat vital de l'*esclavage*. — En effet, dans l'organisation de l'esclavage, dans son type de l'antiquité classique, nous trouverons, développés en institutions sociales, tous les éléments qui sont impliqués dans ce rapport de la technique avec la culture. — La société antique présente deux types de la production, qui constituent l'ossature de son histoire, la source des luttes de classes et des courants d'idées qui ont secoué son organisme ; ce sont : les petites exploitations de paysans libres avec le travail individuel, reliées encore entre elles par certains liens coutumiers de l'ancienne commune, — et les grands domaines esclavagistes (οἶχοι, *latifundia*), unités économiques se suffisant à elles-mêmes, avec la production naturelle et le travail collectif de masses d'esclaves produisant de la plus-value n'ayant qu'une *valeur d'usage*, qui satisfait directement les besoins de la maison seigneuriale sous la forme des divers produits. L'esclavage, qui, au point de vue juridique, se présente comme la conversion de l'homme en objet de propriété individuelle illimitée, dans lequel la force-travail n'est pas encore juridiquement séparée de son possesseur, — au point de vue technique et culturel, est l'extraction de la plus-value, destinée uniquement à la consommation, du travail coopératif d'un groupe humain. La raison suffisante de ces deux types économiques est impliquée dans la formule ci-dessus. La faculté productive de l'individu pouvant satisfaire ses besoins de vie, il en résulte que sur la scène publique apparaissent de petites exploitations privées, la production indépendante près d'un foyer domestique ; mais le travail individuel, se trouvant dans la première phase de son rôle économique indépendant, délivré par les acquisitions culturelles du communisme de sa coopération coercitive, porte encore en lui certains devoirs moraux envers le communisme qui l'a appelé à une vie indépendante, il est encore soumis aux mœurs traditionnelles qui établissent une certaine surveillance et des restrictions économiques de la part de la commune administrative. — D'autre part, puisque la faculté productive de l'individu (conçue toujours comme l'expression individuelle de la technique *sociale*), — *ne peut pas donner plus* que la subsistance du travailleur lui-même (ou d'une unité familiale), il faut pour obtenir de la plus-value disposer d'un travail collectif, coopératif, car ce n'est que de cette force nouvelle qui surgit d'une agglomération organisée des efforts individuels, de l'excédant de productivité que donne la coopération sur la simple somme des travaux isolés, que peut sortir de la plus-value, qui, n'étant pas l'équivalent de la subsistance du travailleur, est par cela même susceptible d'appropriation. — En raison donc de ce rapport spécifique entre la technique et la culture, qui ne permet pas à la productivité de l'individu de dépasser le *minimum* de ses propres besoins, l'objet de l'exploitation ne peut être qu'un groupe organisé de travailleurs, et de là vient la nécessité de grands domaines avec travail forcé et surveillé, en un mot, le type de la production esclavagiste. — Les exploitations esclavagistes, ces premiers ateliers de la plus-value, concentrant en elles le plus grand développement de la vie sociale de l'antiquité, étant la base matérielle de toute la civilisation classique, sont en même temps la source d'un nouveau processus révolutionnaire, qui, comme toujours, constitue un mouvement dialectique de l'histoire tendant à la négation de sa thèse primitive par l'intermédiaire de la transformation des divers phénomènes sociaux en éléments de la technique et de la culture.

Tandis que la petite propriété rurale ne faisait que nourrir ses possesseurs, ne produisant rien de nouveau pour l'histoire des sociétés, les grands domaines travaillés par les esclaves, créant de la plus-value par le génie de la coopération coercitive, produisaient en même temps une nouvelle espèce d'hommes, délivrés du joug du travail physique, faisaient jaillir la source de nouveaux désirs et de nouvelles tendances sociales. C'est d'eux qu'émane le processus de la concentration agricole tendant à augmenter la force coopérative dont provenait la plus-value, comme aussi la politique de conquêtes qui avait pour but de fournir de la matière humaine d'esclaves à cette force productive, le militarisme, le développement de l'idée et de l'organisation de l'État appelant à la coopération les civilisations des divers pays et pesant de tout son poids sur la petite propriété rurale des paysans libres ; enfin, la dissolution toujours plus grande des anciens liens communaux sous l'influence de l'étatisme pénétrant partout, et la foule grandissante d'hommes sans propriété, composée de nouveaux venus n'appartenant à aucune commune, d'enfants illégitimes auxquels les communes n'accordent ni droits de citoyen ni une part quelconque dans l'héritage, de paysans ayant perdu leur terre pour dettes ou impôts d'État impayés, ou auxquels on l'avait enlevée par la violence pour arrondir un latifundium, en un mot, toute une *plèbe* libre, à laquelle l'esclavage fermait l'accès de la production. Tous ces processus qui tendent à fortifier la coopération productive coercitive, donc, à rendre plus solides les institutions juridiques de l'esclavage, étant le produit historique immédiat de son développement, constituent en même temps autant d'agents de sa mort ; car ils étaient accompagnés, comme d'une ombre inséparable, d'une lente mais continuelle transformation de la technique et de la culture sociale. Plus l'esclavage se fortifiait à l'extérieur dans ses institutions juridiques et économiques, et plus il s'affaiblissait dans son noyau intérieur ; car ce qui sur la scène historique était l'épanouissement et le levier de l'organisation donnée, se transformait dans son intérieur humain en de nouveaux besoins et facultés, qui s'infiltraient, agents de décomposition, jusque dans les profondeurs sociales, jusqu'à ce nœud de la technique et de la culture où se cachait toute l'âme, le pouls de la vie de la société antique. Sous leur influence ce nœud se transforme en un rapport où la *faculté productrice de l'individu procure déjà non seulement sa subsistance, mais aussi une certaine plus-value* ; l'expression individuelle de la technique sociale offre ici un caractère composé, elle contient l'équivalent de la somme de la subsistance du travailleur *et* de la plus-value. Donc, la nouvelle civilisation, émanée de la thèse sociale de l'*esclavage*, transformant les conditions données de la production de la plus-value, aboutit à son anti-thèse. Un travailleur individuel, grâce au développement de la technique sociale, peut maintenant être exploité ; la petite exploitation, fécondée par une nouvelle productivité par le génie social, devient capable de surpasser la stérile reproduction de soi-même et de donner une certaine plus-value ; il en résulte que les foules esclaves travaillant sous le fouet, que cette force coercitive de la coopération cessent d'être une nécessité économique. En même temps change le corrélatif idéal de la technique, les besoins culturels. Le goût des classes dominantes, se développant dans les grands foyers de la population, à Rome et dans les villes de la Méditerranée, exige un travail soigné, assidu, souvent même accompli avec une passion artistique, exige des produits de la « petite culture », des objets délicats, une production soucieuse, un certain plaisir créateur de la part des travailleurs. Le travail esclave ne pouvait avoir de ces propriétés[3] et devenait par conséquent un moyen insuffisant pour la culture moderne, provoquant par contre une protestation toujours plus forte dans les masses humaines opprimées. — De cette manière, entre la forme de la vie sociale et les intérêts des classes et de la civilisation se produisait une contradiction toujours plus grande ; l'esclavage, qui a créé toute la culture antique, commence maintenant à l'entraver dans ses cadres et donne naissance à une foule de contradictions sociales. Cependant ces contradictions se résolvent dans un nouveau rapport qui se forme dans l'individu entre la technique et la culture sociale, née sous l'influence de l'esclavage. Avec l'apparition de la *plus-value individuelle*, lorsque la faculté productive de l'individu commence à donner plus que sa subsistance, la force de la coopération coercitive perd sa valeur sociale — d'unique base de la civilisation — et avec elle aussi l'esclavage, son expression juridique. Les grands *latifundia*, les domaines à production collective, se divisent en petites *tenures censives* ; la petite production évince la grande. L'esclave qui, travaillant dans un groupe sous le fouet du surveillant, était dépouillé de tous les attributs sociaux de l'homme et n'avait aucune importance comme unité productrice, devenu tenancier, colon, devient un travailleur indépendant, acquiert une maison et un foyer domestique, entre en possession des attributs moraux de l'humanité.

Les formes économiques de l'esclavage ne changent pas seules avec l'avènement de la *plus-value individuelle*, mais aussi toute son *idéologie* se modifie ; on accorde aux esclaves la possession d'une âme et le titre humain, certains droits de propriété et certains droits personnels, ce dont le *christianisme* est l'expression morale. La tenure censive — cette nouvelle forme de la production, correspondant à la plus-value individuelle, et en même temps foyer d'une nouvelle idéologie sociale, — devient donc le centre de cristallisation pour un système tout différent : d'un côté, — elle supprime la classe des plébéiens en leur ouvrant le libre accès de la production ; de l'autre, — elle donne aux petits propriétaires, aux communes rurales, la possibilité de sortir de cette situation difficile où le militarisme et l'oppression des seigneurs les avaient mis et cela par l'échange du titre de propriétaire libre contre celui de tenancier asservi, par la vente d'une liberté dangereuse au prix d'un patronat et d'une vie tranquille acquise par une redevance. De cette manière l'ancienne différenciation de la société se transforme en une agglomération de tenures homogènes, dont chacune, livrée à l'exploitation naturelle, constitue un tout économique se suffisant à lui-même, une unité productrice et consommatrice indépendante ; et comme auparavant la coopération coercitive, le travail collectif des groupes esclaves étaient la base de la civilisation et de l'État, ce rôle appartient maintenant à la plus-value individuelle, au cens de la petite tenure paysanne ou bourgeoise. Nous sommes donc en pleine société *féodale*.

§ 6. — Considérant maintenant les institutions juridiques et coutumières de la société féodale, il serait facile de démontrer que leur élément créateur se retrouve entièrement dans cette formule technique et culturelle, qui s'est dégagée du développement de l'esclavage comme son produit dialectique, — formule, qui établit que la productivité sociale du travail individuel est déjà devenue source de plus-value. Ainsi, la tenure censive est le vrai atome économique de la société féodale ; nous la retrouverons partout, comme base réelle de toute organisation et de toute idéologie du féodalisme. Jusqu'au XIe siècle elle règne universellement et dans sa forme pure, sans même être beaucoup différenciée dans ses variétés rurale et urbaine ; plus tard, sous l'influence de la division sociale du travail et de la disparition graduelle de la production naturelle, elle se transforme en atelier d'artisan ou bien se dissimule partiellement dans les fermes seigneuriales à corvée ; néanmoins elle conserve toujours son caractère essentiel : production individuelle de plus-value *destinée à la consommation*, de simples valeurs d'usage. Son expression juridique se retrouve, d'un côté, — dans la forme de la propriété comme droit d'*usufruit conditionnel*, qui remplace la conception romaine de la propriété individuelle absolue ; c'est la propriété révocable et viagère, le *feudum*, sans la liberté d'héritage, de vente, de transaction et d'hypothèque, grevée de droits seigneuriaux, le point central de toute législation féodale. D'un autre côté, — nous retrouvons dans la législation et les coutumes le caractère de *valeur d'usage* de la plus-value censive dans la prédominance des intérêts qualitatifs de la production sur ses intérêts quantitatifs, dans une rigoureuse réglementation de la production, dans la fixation légale du cens et de la journée du travail, dans une surveillance sévère de la qualité des produits, dont les corporations de métiers sont l'expression la plus parfaite ; cela correspond à la nature économique de la tenure censive comme productrice de plus-value *en nature*, et comme unité productrice et consommatrice indépendante, conformément au type de l'économie naturelle. — Cette même base économique se retrouve dans l'organisation *politique* de la société féodale : à l'agglomération homogène des unités productrices isolées, aux terres censives avec une production naturelle, régies par la loi de la propriété conditionnelle, correspondent la décentralisation politique, le réseau de petits États vassaux et suzerains avec une complète autonomie intérieure, législative et militaire. — Si, en outre, nous observons, que le produit *psychique* immédiat de cette production isolée de l'individu, qui forme la base de la tenure censive, consiste dans la prédominance du monde de la nature sur le monde social, dans l'individualisme ; que cette « Robinsonade » doit nécessairement donner naissance au besoin du château féodal, défenseur matériel, et de l'Église, tutrice morale ; que l'individualisme, exubérant dans un milieu vital d'où l'on a éliminé en grande partie l'élément social, constitue une source inépuisable de fantaisie mystique, d'identification de l'homme avec la nature, d'anthropomorphisme pénétrant toutes choses, et en même temps d'un affaiblissement de la force consciente créatrice de l'homme ; alors, de la tenure censive se développera devant nous toute l'idéologie du féodalisme avec ses lugubres fantômes des destinées humaines post-terrestres et sa morale de l'honneur chevaleresque, imprégnée de démonisme et d'une foi presque enfantine en la Providence, idéologie qui a créé et vivifié pendant tant de siècles tout ce monde demi-fabuleux d'actions héroïques, de temples gothiques, d'ascétisme d'anachorètes, monde plein d'êtres mystérieux, de sorcières et de démons, qui emplissaient tous les lieux, se mêlaient à toutes les actions humaines, cohabitaient avec les hommes, influençant leur conduite et leur sort comme autant d'êtres réels. — Nous arrivons donc à poser une nouvelle thèse dialectique, la deuxième dans notre série : l'esclavage, tendant dans son développement historique à renforcer sa base — la coopération coercitive — transforme par cela même le rapport de la technique et de la culture sociale en un rapport qui contient la plus-value individuelle, et par là aboutit a sa contradiction. Car ce nouveau nœud qui se forme dans l'individu entre la technique et la culture sociale, produit de l'idéologie et de la politique de l'esclavage, rendant le travail individuel capable de produire une plus-value, devient le noyau de l'organisation d'un nouveau monde : le féodalisme.

§ 7. — La troisième thèse appartient aux siècles de la Renaissance, de la Réforme et des insurrections des paysans ; c'est la douloureuse naissance du *capital* du sein du monde féodal, marquée par le sang dans l'histoire humaine. — Les chroniqueurs énumèrent une longue série d'années pendant cette époque où des signes mystérieux et effrayants se montrent au ciel, visibles dans des pays et dans des villes entières ; si ce n'était pas là une prophétie apocalyptique qui descendait sur la terre, ces signes remontaient en tout cas de la terre pour se projeter sur le ciel, étaient une manifestation collective de la décomposition, des luttes et des troubles idéologiques qui bouillonnaient dans les cerveaux humains et tiraillaient les cœurs ; ils étaient comme un présage symbolique que quelque chose de nouveau, quelque chose d'inconnu jusqu'alors et d'innommable, monstre ou sauveur, allait apparaître sur le monde humain, — comme le vrai signe de cette cabale psychique que l'histoire, cette tireuse de cartes, compose dans le fond de l'âme humaine. — Le malheur du féodalisme était dans son idéologie. La chevalerie et l'Église constituaient le seul lien social pour l'agglomération des organismes productifs homogènes et isolés. En puisant d'eux leur force morale et économique, la chevalerie et l'Église étaient, en même temps, grâce à leur caractère social, les pionniers des perfides voies de l'échange commercial ; unissant les conceptions des divers coins du monde féodal, elles reliaient en même temps leurs cultures. Sous leur protection se développent les villes ; autour des églises et des châteaux forts se forment les germes des marchés, qui se réduisent primitivement aux modestes dimensions d'un commerce de caravanes transportant des marchandises rares et de luxe. Cependant, l'action des villes, comme uniques foyers d'une vie collective, comme points de contact entre les villages féodaux économiquement clos et individualisés, devient de plus en plus révolutionnaire, à mesure que se développe ce contact qui fortifie l'élément social et donne naissance en même temps aux germes d'une culture nouvelle. Bercées et grandies à l'ombre des cathédrales gothiques et des châteaux féodaux, les villes entrent néanmoins, ou plutôt par cela même, en antagonisme politique avec ceux-ci. C'est le premier choc entre le nouvel esprit *social* et l'individualisme féodal : c'est la lutte durant de longues années pour les *chartes communales*. La conquête des *chartes* donne une nouvelle impulsion au développement ; le remplacement de l'ancien code communal par une nouvelle législation des corps de métiers, adaptée aux intérêts du marché, contribue au développement de l'échange et à l'élargissement des rapports commerciaux ; la liberté politique et la démocratie des artisans (après le renversement de l'hégémonie du patriciat urbain) attirent vers les villes une grande partie du peuple des campagnes, fuyant l'oppression des seigneurs. Par suite, les *terres communales* des villes (*allmends*), partagées entre les nouveaux venus, diminuent de plus en plus à mesure que la ville grandit et se développe. Sans les *allmends* (communaux) la production agricole devient impossible, et la population des villes y renonce enfin tout-à-fait, se consacrant exclusivement à l'industrie et au commerce, ce à quoi elle est aussi poussée par l'élargissement de l'échange. Le premier coup est donc porté à l'économie naturelle, la division sociale du travail se fait entre la campagne et la ville. La seconde arme que le féodalisme a fourbie dans son propre sein contre lui-même, c'est son âme chevaleresque et religieuse, qui, alimentée continuellement par tout le milieu vital, se manifeste à la fin du XIe siècle par le mouvement collectif des *croisades*. Les troupes de chevaliers sortant de leurs châteaux pour aller délivrer le tombeau du Christ, ne se doutaient pas un instant qu'elles allaient rapporter à leur retour des germes de mort et de ruine ; que, s'en allant défendre la foi, armés de la puissance féodale, elles rapporteraient la décadence du féodalisme et de la foi. C'est ce qui arriva, cependant. Sur les traces des croisés partirent, comme leurs mauvais esprits, — des caravanes de marchands. Ce mouvement, qui, du côté idéologique, était l'expression du fanatisme chevaleresque, de l'imagination superstitieuse développée par l'individualisme de la vie, était en même temps la rupture des barrières qui gardaient la culture domestique des pays féodaux. Il eut comme conséquence non seulement un grand développement du commerce, grâce à la connaissance faite de nouvelles routes et de pays nouveaux, et l'établissement de rapports commerciaux avec les villes de l'Orient, mais aussi l'acquisition de nouveaux goûts et besoins de la vie, la connaissance d'un certain nombre de nouveaux produits, en un mot, le développement et la transformation de la manière de vivre. Par l'intermédiaire des croisés la population apprend l'usage de la canne à sucre, du riz, du coton, des tissus de soie d'Antioche et de Tyr, du velours et de la mousseline, des tapis de Perse, et d'une quantité d'autres objets, dont chacun, inerte en apparence, possède néanmoins son élément psychique comme objet d'utilité, et lentement, imperceptiblement, se glisse dans l'âme de l'homme féodal comme une révélation d'un monde inconnu, de mœurs et de désirs nouveaux. Le mouvement commercial entre les villes européennes et l'Orient acquiert une importance sociale, et au bord de la Méditerranée se forment plusieurs foyers de l'échange universel ; simultanément aussi se perfectionnent les moyens de communication terrestre et maritime, s'organisent de puissantes « Hanses » de marchands, et la marchandise peut circuler dès lors dans les pays féodaux avec une sécurité et une commodité toujours plus grandes.

L'économie naturelle reçoit son coup définitif. Les seigneurs féodaux ne se contentent plus des produits de leurs serfs ; leurs goûts et leurs besoins dépassent de beaucoup la grossière production des paysans. Le paysan lui-même préfère acquérir au marché les produits des villes, jolis et solides, qu'en produire lui-même, d'autant plus que la communication facilitée et le mouvement du commerce plus grand en rendent possible l'acquisition à toutes les communes. La production des campagnes se spécialise et devient exclusivement agricole. Les villes ont renoncé à l'agriculture depuis que l'affluence de la population les a privées des terres communales. Par cela, l'indépendance économique des communes disparaît complètement. Le paysan et le bourgeois cessent de se suffire chacun à lui même, deviennent producteurs partiels et sont obligés d'échanger sur le marché une grande partie de leurs produits. L'échange et l'argent entrent donc dans la catégorie des nécessités sociales, et, des objets de luxe s'étendent à tous les produits. Cet évènement fait époque. Faisant sortir la société des enclos, l'introduisant sur un large marché, il transforme de fond en comble les rapports des classes, les intérêts et les mœurs, le caractère de la production et de l'exploitation. Il clôt la série des sociétés antiques basées sur l'économie naturelle (les communes primitives, les οἶχοι esclavagistes, les tenures féodales), et ouvre la série des sociétés modernes, — avec l'économie monétaire (le féodalisme corvéable, le capitalisme de servage et le capitalisme libéral). Avant lui, le producteur est une unité indépendante et isolée, la production, une satisfaction immédiate de ses besoins, le produit, un objet inéchangeable d'utilité, et la société, une agglomération lâche d'unités économiques homogènes, reliées entre elles par un ciment purement idéologique. Après lui, le producteur devient une partie composante d'un grand organisme ; incapable de subsister isolément le produit acquiert la nature traîtresse de valeur d'échange, et la société, se différenciant dans ses éléments composants, se transforme en un tout organique. C'est ici que commence la nouvelle série des transformations.

Du moment que la commune rurale cesse toute production industrielle, et que le seigneur satisfait sur le marché de la ville la plus grande partie de ses besoins, la plus-value féodale prend la forme argent. Le seigneur, dédaignant les grossiers produits de ses tenanciers, exige en leur lieu et place de l'argent, pour pouvoir acheter les produits des villes et de l'étranger ; il en exige toujours davantage, à mesure que croissent ses besoins culturels au contact des richesses du marché. Auparavant, la plus-value, qui se payait en poules, œufs, farine, chaussures, etc., était nécessairement une quantité limitée et constante ; maintenant, sous le voile mystérieux de l'argent, se cache une telle multitude de marchandises différentes que personne ne peut prévoir ce qu'il pourra désirer sur le riche marché du monde, et par conséquent, tend à extorquer de la force ouvrière qui lui est sujette le plus possible de plus-value. De là, l'accroissement de l'exploitation féodale : l'élévation des redevances, la conversion du cens et de la taille en argent, les droits de passage (péage sur les rivières et les routes), les droits de lods et ventes, les banalités de pressoir, de four, de moulin, qui chargent les tenanciers d'une foule de contributions pécuniaires et détruisent ainsi sans retour leur ancienne aisance. — Il se forme en outre un nouveau type de ferme seigneuriale *à corvée*. Les transformations accomplies nécessitent la grande culture agricole. Les manses censives perdent l'importance qu'elles avaient jusque-là, car, avec la production pour l'échange, la qualité des produits ruraux devient une chose indifférente, — aussi bien pour les producteurs que pour les seigneurs. Or, sous le rapport de la *quantité* des produits, les petites fermes le cèdent aux grandes, et la petite exportation des denrées des paysans est moins avantageuse au marché que l'exportation en gros. Autant sous le régime de l'économie naturelle, la grande culture agricole, fournissant un excédent inutile de produits, aurait été sans but, autant maintenant, sous le régime de l'échange, cet excédent constitue le principal but de la production, est porté au marché et donne un bénéfice pécuniaire. En outre, avec le développement des rapports sociaux disparaît aussi l'importance politique des tenanciers. Auparavant, sous le régime de la décentralisation et de l'indépendance politiques des fiefs, le nombre des tenanciers décidait de la puissance du seigneur. Maintenant que l'accroissement de l'absolutisme monarchique, — produit du développement des facteurs sociaux de la vie, — enlève le pouvoir politique aux seigneurs et atténue par la police d'État leur influence morale, cet intérêt disparaît, et il ne reste que les profits économiques. L'entrée des produits dans le mouvement de l'échange, substituant les exigences *quantitatives* aux exigences *qualitatives*, affirme la prédominance de la grande culture sur la petite et provoque la formation des fermes à corvée. Ce processus débute par une violence sociale, par le vol universel de la terre des paysans, par l'annexion en masse des allmends et des tenures censives aux fermes seigneuriales. Des milliers de petites exploitations rurales sont ruinées et transformées en domaines seigneuriaux, et leurs habitants deviennent vagabonds libres ; c'est le premier *prolétariat*. — Les domaines des seigneurs, qui constituaient auparavant l'agglomération des petites tenures censives, réunissent maintenant en eux deux types économiques : l'ancien, le cens, et le nouveau, la corvée. Sur une partie des champs les chaumières des paysans disparaissent, elles sont transformées en grande ferme ; l'autre partie demeure à l'état ancien, mais pour les tenanciers qui y sont établis s'ajoute une nouvelle obligation, la corvée sur la terre seigneuriale. Les revenus du seigneur sont maintenant doubles : les uns affluent sous la forme de cens et de contributions pécuniaires ; il obtient les autres par la vente sur le marché des produits de sa propre exploitation. La suppression des communaux est un fait général en Europe. Pour les paysans, ce fut la ruine, la destruction de la partie la plus importante de leur exploitation, de l'élevage du bétail. Maintenant, ils sont obligés de payer à part le droit de pacage, le droit de prendre du bois, du foin, des glands. L'ancienne aisance des paysans disparaît sans retour sous l'oppression des nouvelles charges féodales, auxquelles s'ajoute encore une charge plus lourde, la corvée. D'autre part, la forme monétaire des redevances, entraînant le paysan sur le marché, change complètement sa situation vitale. Le producteur auparavant indépendant, qui n'était soumis qu'aux influences immédiates de la nature, isolé et entièrement indépendant de la société, est maintenant pris dans le grand réseau des différents rapports sociaux, et assujetti qu'il est au marché, doit ressentir tous les changements et fluctuations, traverser avec lui les bons et mauvais temps. Son enclos tombe sous le pouvoir despotique de forces sociales aveugles, qui, en produisant une continuelle oscillation des prix sur le marché, se jouent impitoyablement de son bien-être économique. Sous l'influence de ces perturbations, une grande révolution morale se fait dans l'âme du paysan : la faillite de l'ancienne moralité serve, faillite dont on a l'expression dans les guerres des paysans, dans la nouvelle idéologie du communisme chrétien, prêché par *Münzer*, ainsi que dans une lente formation de tous les éléments psychiques que nous retrouvons plus tard dans le prolétariat, comme un type nouveau de l'esprit humain.

Mais la plus-value féodale en prenant la forme *argent* ne constitue pas encore le *capital*. La plus-value féodale conserve son caractère de valeur d'usage, toute la transformation consiste en cela seulement, que, si autrefois, dans les temps heureux de l'économie naturelle, elle passait des mains des producteurs immédiatement dans l'estomac du seigneur, maintenant, pour arriver au même but, elle doit passer à deux reprises par le marché. Le développement du régime de l'échange, l'universelle métamorphose des simples produits d'utilité en marchandises à deux faces, révolutionne aussi l'organisation interne des villes féodales. Au sein des corporations de métiers apparaît l'antagonisme des classes entre les maîtres et les compagnons ; l'atelier patriarcal se transforme en un champ de guerre et de grèves ; aux corporations s'opposent les compagnonnages, depuis que la maîtrise est devenue presque un monopole héréditaire. Cependant, les corporations commencent à être dominées par une nouvelle force sociale : la classe des *marchands*, qui est l'expression immédiate du nouveau type d'économie monétaire. C'est l'unique classe aux mains de laquelle s'accumulent les provisions d'or. Lorsque tous les autres mangent leurs revenus en argent, les marchands, comme s'ils pressentaient la proche apparition du capital, économisent et accumulent, en attendant l'arrivée de ce grand moment où les barres d'or, jusque-là inanimées et reposant au fond des trésors, vont s'animer sous le souffle divin du capital et commencer leur interminable processus de reproduction spontanée. Grâce à cette prévoyante épargne, la classe commerciale occupera plus tard une position de premier rang dans la société et donnera naissance à la bourgeoisie.

Cependant, tout cela prépare seulement les conditions sociales pour le capital, produit la matière susceptible de recevoir son action, mais non pas son essence propre. La ruine des tenures censives, l'oppression de la corvée, l'expropriation, les révoltes des paysans, ce n'est là que le prologue de la grande tragédie du capitalisme. La condition essentielle pour qu'il apparût, c'était la naissance d'une *nouvelle* plus-value dans la formule technique et culturelle, de la plus-value, qui, étant affranchie des fins d'utilité individuelle, pût accomplir une fonction purement sociale, avec l'unique destinée d'une interminable croissance dans sa qualité de force productive et culturelle du monde humain. À la naissance de cette plus-value tendait toute la dialectique de l'histoire du féodalisme. L'apparition de l'intérêt *quantitatif* de la production, la conversion des objets d'utilité en marchandises, la formation du marché universel, du prolétariat, et l'accumulation de l'or commercial, ce sont là de nouveaux facteurs et des forces sociales, qui devaient, tôt ou tard, créer leur synthèse, — un nouveau type économique, la *production coopérative*, et amener les cerveaux des Arkwright et des Watt à l'invention d'une nouvelle technique. La nouvelle coopération, apparue dans les fermes à corvée et les manufactures des marchands, fut donc le berceau du capital. La valeur qui était produite ici par la force collective des ouvriers, surpassant la somme des valeurs produites individuellement, contenait en elle, non seulement la plus-value en valeurs d'usage, destinée à la consommation (produit du travail individuel), mais aussi une plus-value nouvelle, inconnue jusqu'à présent au monde humain, d'un caractère purement échangeable, produit de la collectivité humaine, qui, dépassant la sphère des besoins personnels des propriétaires, ne naissait qu'afin d'engendrer, par sa transformation en instruments de travail et en force ouvrière, une nouvelle postérité de valeurs, de réaliser les rêves humains de civilisation et d'être la force créatrice et immortelle de l'humanité. Si cependant cette espèce de plus-value peut apparaître au sein d'une nouvelle synthèse productive des forces sociales, ce n'est que parce que cette synthèse, réalisée dans les manufactures et les fermes, en transformant le producteur isolé et intégral en collaborateur partiel d'une coopération basée sur la division du travail, en le mettant directement en rapport avec le génie inventif de la technique et de la culture sociale, augmente en même temps la faculté productive de l'individu. Or, avec l'apparition de cette nouvelle plus-value dans le travail individuel, une nouvelle âme vivifiante pénètre dans les richesses du monde féodal et les transforme en *capital*. Le féodalisme aboutit donc à sa négation, et ceci par l'intermédiaire de sa propre idéologie. Car c'est d'elle que dérivent tous les agents sociaux qui ont concouru à la formation d'une nouvelle synthèse productive, puisque, comme l'expropriation des paysans n'aurait pu se faire sans les droits féodaux, réunis intimement avec tout le système des conceptions religieuses et morales de cette époque, de même la grande conversion des objets d'utilité en marchandises ne serait pas sortie spontanément des tenures censives, considérées comme une catégorie purement économique, sans l'action de cet esprit de la chevalerie et du fanatisme mystique, qui, en dépit de l'individualisme des enclos féodaux, tout en étant leur produit immédiat, posait néanmoins devant elle des problèmes *collectifs*, enseignait aux hommes la langue *sociale*, créant ainsi l'histoire des Croisades et de la Renaissance.

Donc, la troisième thèse dialectique repose sur le même principe que les précédentes : les processus historiques qui émanent de l'idéologie féodale, se convertissent en nouveaux éléments techniques et culturels, ce qui amène aussi la transformation du noyau même de l'organisation sociale. Dans la formule technique et culturelle du féodalisme (la faculté productive de l'individu = la subsistance de l'individu + la plus-value), se produisent deux changements : en premier lieu, — la plus-value féodale, jusque-là individuelle et perçue en nature revêt la forme monétaire, conservant cependant son but de consommation ; en second lieu, — l'équivalent de la faculté productive de l'individu s'enrichit d'un nouvel élément composant par l'apparition de la plus-value capitaliste, d'un caractère échangeable, d'une nature sociale et créatrice. Par conséquent, le rapport entre la technique et la culture sociale dans l'individu humain change son ancienne formule en une nouvelle : la faculté productive de l'individu = la subsistance de l'individu + la plus-value féodale + la plus-value capitaliste, et cette nouvelle formule constitue le noyau de l'organisation capitaliste[4].

§ 8. — Cette analyse des trois moments historiques principaux, bien que rapide et superficielle, nous permettra néanmoins de saisir le sens qu'acquiert la thèse « matérialiste » : que la production est le facteur déterminant l'organisation sociale, si nous ramenons cette thèse sur son terrain propre, le phénoménalisme sociologique, c'est-à-dire si nous envisageons l'histoire dans l'homme même, comme dans l'unique élément concret, qui réunit en lui inséparablement le côté individuel et social du monde, la pensée et la nature, la finalité et le sentiment. Le matérialisme historique traduit sa conception moniste de l'histoire dans la recherche du *corrélatif économique* pour tous les autres processus sociaux ; or, une telle réduction de toute l'hétérogénéité des phénomènes à un seul terme homogène n'est possible que si l'on considère les rapports sociaux au point de vue évolutionniste, par conséquent, dans leur devenir, dans leur passage des formes passées aux formes nouvelles, dans lesquelles la forme différenciée des phénomènes, figée en une catégorie constante, disparaît, se dissout entre sa cause et son effet, et laisse apparaître à sa place la chose intime, dissimulée sous la différenciation apparente, ce dont provient le phénomène donné, et ce qui fait naître le phénomène suivant. Mais alors, nous verrons facilement que les facteurs économiques, comme tous les autres, ne peuvent être distraits de l'ensemble de la vie sociale comme cause déterminante ; que si la politique et l'idéologie entière de la société peuvent être considérées comme superstructure des rapports économiques, comme résultat immédiat de leur influence latente sur les cerveaux humains, il n'est pas moins vrai que tous les processus économiques ont aussi leurs causes dans la vie *sociale*, et doivent être considérés eux-mêmes comme résultat de la politique et de l'idéologie de l'époque précédente. En affirmant qu'ils sont une force formatrice pour l'organisation juridique et l'idéologie sociale, nous ne pouvons pas, cependant, oublier qu'eux-mêmes ne sont qu'un composant dans le tout synthétique de l'ordre donné, que, étant rapports économiques, ils sont par cela même rapports juridiques, et supposent nécessairement une certaine atmosphère idéologique adaptée à eux et déjà existante. Nous entrons donc dans un cercle vicieux du raisonnement, où le même facteur exerce à la fois deux fonctions qui s'excluent mutuellement en apparence : tantôt comme résultat organisé de l'ensemble de la vie sociale, tantôt comme élément déterminant de cette vie. Mais cette duplicité de nature contient aussi la solution du monisme historique, si nous prenons en considération que sous la forme de la production se retrouve immédiatement l'essence de tous les processus sociaux, transmuée en éléments de la technique et de la culture ; que la production qui, de son côté formel, appartient à la synthèse de l'organisme social, et, comme telle, ne peut être considérée comme sa cause déterminante, du côté de son contenu, qui organise ses formes, ne représente autre chose que les forces productives et les besoins de la société se recherchant mutuellement dans l'individu, formant en lui, dans l'homme vivant, ce nœud *socio-individuel*, dont nous avons étudié les transformations dans les thèses de la dialectique de l'histoire. Dans ce nœud se réalise non seulement l'unité de l'individu et de son milieu social, mais aussi la genèse commune de toute l'hétérogénéité des faits historiques. Dans le premier sens, — comme terme commun de l'individu et de son milieu social, — il exprime la totalité de l'organisation sociale réduite a son *concretum* humain, l'histoire réfléchie dans l'individu, dans le point réel de ces processus, et, en raison de cela, il peut être justement considéré comme le dernier, *le plus petit élément* de la vie sociale, comme le vrai *atome sociologique*. Ainsi, par exemple, toute l'histoire du féodalisme, réduite à l'individu, se retrouve dans la formule examinée plus haut (faculté productive de l'individu = sa subsistance + la plus-value en nature), et cette formule est l'expression individuelle du rapport qui existe entre la technique et la culture sociale ; car, comme nous l'avons vu, de cette formule peuvent être déduites toute l'économie, la politique et l'idéologie du féodalisme. Dans le second sens, c'est-à-dire comme terme commun de l'hétérogénéité sociale, ce rapport de la technique et de la culture, contenu dans l'individu et dissimulé dans la production, exprime l'universelle convertibilité des processus de l'organisation sociale en éléments humains, — des capacités et des besoins, — qui constituent aussi les germes d'une organisation nouvelle, et c'est pour cela qu'on peut le considérer comme le vrai noyau de la vie, dissimulé sous l'enveloppe extérieure des formes sociales et réalisant la *continuité de l'histoire*. C'est la parcelle immortelle des processus variables de la vie sociale, la fenêtre par laquelle le flux perpétuel du présent pénètre dans l'avenir. Car, si aucune époque historique, aucun ordre social ne quitte le monde sans postérité, laissant sur la terre une table rase pour son successeur, mais si, au contraire, chacune est toujours enceinte d'un ordre nouveau, qui sort de son propre sein sous la forme de sa négation, c'est parce que toute la vie du monde qui s'en va ne se passe pas seulement sur la scène publique, mais imprime aussi ses caractères à ce nœud socio-individuel, où se retrouvent toutes les acquisitions de l'histoire, et qui sert en même temps de noyau pour l'organisation du monde nouveau. Nous arrivons donc au principe du phénomène sociologique : *la vie sociale réduite à son concretum humain*. L'« objectivité » économique, que le matérialisme historique considère comme le substrat de l'histoire, se transforme, sous l'influence de la méthode phénoménaliste, en éléments d'une nature purement psychique, — capacités et besoins, — qui réunissent en eux le côté individuel et social du monde humain en un vrai nœud psychologique, qui se noue entre l'individu et son milieu social et qui constitue le plus petit élément de la vie collective.

II

§ 9. — Conformément à cela change aussi le rôle historique de l'action humaine consciente, le rôle de l'homme comme être pensant dans les problèmes de l'évolution sociale. Les théoriciens du matérialisme historique, ne voyant pas le caractère phénoménaliste de ces « rapports matériels », qui constituent une sorte d'âme impersonnelle de l'histoire, sont enclins à considérer la conscience humaine, l'« idée », comme un « épiphénomène » dans le grand processus des transformations sociales, comme un reflet idéologique dépourvu de force créatrice, de cette « matérialité » uniquement réelle, qui accomplit tout par elle-même, sans aucune aide.

Pour résoudre cette question, passons à l'analyse de la quatrième thèse dialectique, qui se présente dans la série, et qui appartient au *socialisme*. Car, nulle part ne se manifeste d'une manière aussi visible qu'ici cette rivalité entre le fatalisme des rapports matériels, chargeant sur ses rudes épaules tout l'avenir de l'humanité, et « l'idée », qui, semblant ne faire aucune attention à ce colosse élémentaire, réunit des légions entières d'âmes humaines pour une action finaliste, les appelle à une lutte consciente pour l'*idéal* du monde naissant.

Le capital, comme fonctionnement social de cette plus-value qui n'a plus comme but l'usage individuel possède, par son essence même, une tendance à l'accumulation infinie des forces productives de la société. Cette tendance se manifeste à l'extérieur dans deux processus qui donnent naissance, entre eux, à une contradiction économique. D'un côté, l'expropriation, la ruine de la petite industrie et de la petite propriété, en élargissant la sphère de la force ouvrière soumise au capital, diminuent par cela même la demande culturelle de la société, sa capacité consommatrice. De l'autre, les capitaux, en se concentrant par la concurrence du marché en foyers productifs toujours plus puissants, perfectionnent la technique sociale, conformément à la sphère universelle de son action, ce qui fait que le travail humain est de plus en plus remplacé par l'automatisme mécanique, et la capacité, la force d'achat du marché mondial se rétrécissent à mesure que croît l'armée de réserve du prolétariat. Il en résulte qu'à l'extension de la sphère productive du marché s'oppose le rétrécissement de sa sphère consommatrice, et l'individu étant, comme force ouvrière, engrené dans le grand organisme productif de la société, est en même temps opprimé par lui dans tous ses besoins culturels, et cela d'autant plus que la richesse du milieu social développe davantage ces besoins. De cette contradiction fondamentale procède toute une série d'antagonismes sociaux, soit cachés, soit visibles à la conscience humaine, qui donnent aux institutions capitalistes un caractère de bi-polarité, comme pour montrer qu'elles sont placées entre deux mondes qui s'excluent mutuellement. La production, dirigée dans un but de profit privé, est néanmoins une production de nature sociale, aussi bien dans sa technique que dans son adaptation aux besoins d'un marché universel. Les capitaux privés, personnels, fonctionnant sur le principe de la libre concurrence, se coalisent en capitaux impersonnels, formant en même temps un nouveau type d'organismes productifs, les *cartels* et les *syndicats*, qui, en unissant dans leur sein toutes les phases d'une certaine industrie, depuis l'extraction de la matière brute jusqu'à la vente au détail des objets d'utilité, accomplissent aussi le rôle de régulateurs du marché. Or, devant les gigantesques forces sociales qui s'accumulent dans les capitaux, laissant leur empreinte sur chaque situation vitale de l'homme, l'importance du travail individuel disparaît de plus en plus, et l'individualisme économique, qui sert de base au capitalisme, devient toujours moins conforme à ses tendances. Tous ces processus, bien qu'ils s'opposent à la conscience par leur caractère « objectif », contiennent cependant un élément humain par excellence, — la force ouvrière de l'homme, qui, dans la sphère d'action du capital, acquiert des attributs spécifiques : transformée en marchandise elle devient l'équivalent échangeable de la vie humaine, passant en même temps dans le domaine social ; et, concentrant en elle tous les intérêts vitaux de son possesseur, elle ne conserve cependant sa valeur que comme élément de la grande collectivité productive, car, étant donné la technique et la culture capitalistes, elle perd la faculté de fonctionner isolément, elle est dépouillée de son caractère individuel. Par suite de ce double lien de la force ouvrière de l'individu avec l'organisme social, toutes les contradictions du marché qui se passent dans le domaine des rapports « matériels » du capitalisme, se traduisent immédiatement en une langue individuelle, — celle de la misère et de l'exploitation. La productivité sociale, subjuguée par le capital privé, fonctionnant sur la base de l'exploitation du travail humain, ne peut pas répondre à ses buts, qui se trouvent dans la culture *sociale*, comme son unique raison d'être ; et, manquant ainsi à sa tâche civilisatrice, perdant le caractère de finalité par suite de son antagonisme artificiel avec les besoins sociaux, antagonisme dans lequel la conduit l'intérêt privé, elle se tourne contre l'individu humain, sous la forme de l'exploitation industrielle, de l'expropriation, des crises chroniques et de cet aveugle hasard du marché, qui entoure l'homme de tous les côtés, comme un nouvel élément cosmique, brutal et indompté.

Mais cette même productivité sociale prépare sous la direction du capital la délivrance réelle objective de l'homme. Car, transformant sa force-travail en équivalent des besoins de la vie et en élément de la grande organisation productive, servie par l'automatisme mécanique, elle accomplit par elle-même la séparation entre l'être humain et son travail utilitaire, entre l'individu concret et son rôle comme producteur recherchant la réalisation de ses besoins matériels. L'élément productif de la vie individuelle, qui est aussi l'équivalent de la culture matérielle de l'individu, se transporte entièrement dans l'organisation sociale, et à mesure que s'opère cette socialisation du travail individuel, sa valeur exprimée dans le temps du travail, c'est-à-dire, comme somme indispensable des efforts humains, tend vers l'« infiniment petit », tandis que sa valeur exprimée dans les produits, comme l'équivalent matériel de ces efforts, va en croissant ; car l'organisation sociale du travail est accompagnée nécessairement de l'apparition des colossales forces techniques qui sommeillent dans le génie de la société. — De cette manière, tout le souci de l'existence matérielle de l'individu tend à se reporter exclusivement sur la synthèse sociale, et l'individu même, au prix de la socialisation d'un élément *minime* de sa vie, surgit de cette synthèse comme un être parfaitement libre ; le travail utilitaire, passant à l'inconsciente organisation de la société, délivre de son joug oppresseur la conscience de l'homme. — Ainsi donc, dans le nœud socio-individuel, caché au fond de l'ordre capitaliste comme son dernier élément, s'accomplit le processus de l'émancipation objective de l'individu humain, processus qui, sur la scène publique, se traduit par un drame de misère, de lutte de classes et d'exploitation. Les contradictions économiques, nées au milieu des douleurs humaines, préparent dans l'imperceptible noyau de la vie sociale, comme pour récompenser ces douleurs infligées, la naissance du monde nouveau, le royaume de l'homme délivré du joug de la chose, la réalisation du rêve merveilleux que l'humanité a conçu jadis, au temps de Tibère sur la terre de Galilée ; alors, c'était le fils d'un simple charpentier, qui lui révélait ses rêves divins sur l'homme délivré des chaînes du travail et des soucis quotidiens, vivant à l'image des « lis des champs », dans les délices de la recherche « des trésors impérissables » de l'amour et de la beauté ; maintenant, c'est l'histoire même qui révèle à l'humanité que dans son propre sein commence déjà à se réaliser ce rêve des siècles passés, que là, — dans les profondeurs de sa vie désorganisée par les souffrances humaines, — se forme déjà, dans son germe « matériel », le nouveau monde de l'homme délivré.

§ 10. — À ce processus de transformation objective, qui s'accomplit dans le nœud socio-individuel contemporain, correspond le processus conscient de l'émancipation de l'homme, — l'idéologie du socialisme. C'est ici que nous pourrons voir quel est le rapport entre l'« idée » et l'« objectivité » sociale.

Le centre de gravité de l'idéologie du socialisme, — c'est le *communisme*. Considéré au point de vue de ses tendances historiques, c'est-à-dire en corrélation avec le processus économique dont il est le représentant idéologique, le communisme présente un double caractère : au point de vue objectif, c'est l'organisation sociale du travail dans le but d'atteindre le *maximum* des produits avec le *minimum* du travail individuel ; au point de vue subjectif, c'est la disparition des antagonismes entre les hommes, entre l'individu et la société, l'aboutissement de l'égoïsme et de l'altruisme à leur identité naturelle, par la suppression des obstacles objectifs qui en ont amené le conflit dans l'âme humaine, sociale de sa nature. Le premier, — l'organisation sociale du travail, — signifie : délivrance de l'esprit de l'individu de tous les soucis qui sont liés aux besoins matériels ; le travail qui satisfait à ces besoins passe dans la sphère sociale tout comme les autres besoins organiques, par exemple la respiration, appartiennent à la nature inconsciente de l'homme, de sorte que la conscience humaine n'est pas obligée de s'occuper de leur fonctionnement. Une telle *nature* pour l'individu, soucieuse de tous ses besoins, exigeant le *minimum* de sa participation personnelle, sera la production *socialement* organisée ; de même qu'aujourd'hui l'organisation par l'État des postes et des chemins de fer délivre l'individu de toute la masse d'efforts qu'il devrait entreprendre pour communiquer avec ses semblables, de même, dans l'avenir communiste, la production socialement organisée délivrera l'individu de la lutte pour la vie et du souci du pain quotidien, et par cela même fera se déployer les ailes du génie humain, et ouvrira à l'homme le libre accès des richesses de la vie spirituelle. La société, considérée de ce point de vue, apparaît donc comme un milieu naturel pourvoyant à la vie de l'individu. Cela correspond à l'évolution psychique de l'homme, qui consiste en ce qu'une grande quantité d'actions vitales, de processus psychiques, passe dans l'inconscient, délivrant l'esprit pour la conquête de sphères plus élevées pour son activité. — Considéré au point de vue subjectif, c'est-à-dire dans l'expression qu'il prend dans la conscience humaine, le communisme signifie l'accord de mes intérêts vitaux avec ceux des autres, la dépendance de mon bien-être et de mon perfectionnement avec le bien-être et le perfectionnement de mes concitoyens ; par conséquent, — la disparition de l'*égoïsme* comme opposition de mes besoins aux besoins des autres, et de l'*altruisme*, — comme opposition des besoins d'autrui aux miens, et, à leur place, la formation d'une nouvelle synthèse de ces deux sentiments, dans laquelle tous les deux perdent leur caractère propre par la suppression de leur antagonisme, la synthèse d'une fraternité sociale, un nouvel amour, qui n'exigerait ni le sacrifice de mon moi propre pour autrui, ni la contrainte et la violation de mes sentiments personnels, ni le sacrifice du bien d'autrui pour le mien, serait donc libre de toute autorité de devoirs formels, serait un acte de pure bonté[5].

On peut donc considérer que la *propriété commune* ou la négation de l'ordre actuel, la fusion de l'individu avec la société dans tout le domaine de la vie extérieure étant le but *économique* du socialisme, est en même temps son *moyen* révolutionnaire pour l'émancipation totale de l'homme. Car toute transformation extérieure de la vie sociale, toute transformation des formes de son organisation, doit se retrouver dans l'élément réel de la société, dans l'individu humain, où elle ne possède qu'une valeur *morale*. Or, envisagé de ce côté, le communisme se présente comme la solution de cette lutte séculaire que l'être humain livre au monde extérieur, l'individu à la collectivité. Cela peut être formulé en trois postulats moraux, qui expriment le même rapport de l'individu avec son milieu social sous le régime des formes communistes de la vie. Premièrement : délivrance de l'homme du joug des *choses*, car tout le souci des conditions matérielles de la vie passe à la société, et par suite la satisfaction des besoins vitaux occupe une place *minime* dans la conscience humaine, quoique *socialement* un énorme travail soit consacré à ce but. (C'est le point capital du collectivisme, sa valeur économique). — Deuxièmement : délivrance du joug des *instincts* animaux, de l'instinct de la conservation, de la faim, lesquels, tout comme l'instinct de la respiration, passeront dans le domaine inconscient et perdront toute suprématie dans la vie consciente de l'homme, car l'instinct de la conservation n'étant plus entravé et violé par les conditions de la vie comme aujourd'hui, mais au contraire satisfait dans l'organisation sociale, disparaîtra en tant qu'un composant de l'âme, et avec lui tous les sur-produits psychologiques, qui se développent sur sa base, comme les sentiments d'égoïsme, d'orgueil, du plaisir de dominer les autres, de jalousie. — Enfin : délivrance de la *contrainte sociale* qu'est tout État, obligeant par la force physique de la police à observer les lois sanctionnées ; cette contrainte disparaît au moment où la société, s'organisant pour une production collective, devient comme un milieu naturel de l'homme, satisfaisant ses besoins vitaux, une sorte de seconde atmosphère nutritive. L'État réduit à l'organisation productive se supprime lui-même[6] ; ce qui reste, c'est l'unité naturelle des individus qui se manifeste psychologiquement dans les actes de solidarité et de fraternité. — La propriété commune n'est donc qu'une base vitale pour l'émancipation de l'individu, que la transformation de l'humanité dans le sens de l'idéal moral. C'est ce nouveau monde qui créera une nouvelle humanité.

§ 11. — Mais si l'émancipation de l'homme — comme être pensant — surgit devant nous dans sa pleine lumière, comme le problème essentiel du *communisme*, d'autre part, le principal moteur historique que le socialisme nous montre pour atteindre son but, c'est, avant tout, l'*homme*. Et, en effet, pour que le communisme, cette base réelle de la renaissance de l'humanité, devienne un fait, il faut non seulement le développement conforme de la technique sociale productive, mais aussi une socialisation morale des hommes, pour qu'ils soient à la hauteur des nouvelles conditions, où seul le sentiment de la justice gouvernera la grande organisation sociale. « Avant que s'accomplisse la transformation complète de l'ordre social, ce qui sera l'œuvre des générations de l'histoire même, les conceptions des contemporains sur la morale et la justice doivent préalablement changer complètement » — disait l'« Internationale » dans son manifeste[7]. — La base technique du communisme existe comme fait du développement historique. La force morale humaine se crée consciemment par l'activité finaliste appliquée à ce même foyer où se développe la révolution matérielle. Le point économique de fermentation sociale, comme nous avons vu, est la force de travail qui se transforme dans le nœud socio-individuel de l'ordre actuel ; or, cet élément, quoique juridiquement séparé, par abstraction, de l'être vivant, constitue néanmoins en réalité l'homme même. Le point de révolution économique est donc en même temps le point sentant et conscient de l'histoire, et comme tel est susceptible de recevoir l'action finaliste de l'idée. La force ouvrière dans sa réalité concrète — c'est le *prolétariat*. Par conséquent, le socialisme, qui n'est pas seulement un passif reflet idéologique des processus de l'histoire, mais aussi la création consciente de l'histoire même, doit dans sa pratique avoir un caractère de *classe*, et, tendant à l'émancipation de l'homme, il doit chercher sa base historique dans les intérêts du peuple exproprié.

Le prolétariat, avant d'entrer dans une consciente contradiction morale avec l'ordre social actuel, constitue déjà sa *négation* comme catégorie historique, la négation de ses principes juridiques et économiques, qui, pour leur réalisation dans la vie sociale, exigent la violation de la dignité naturelle de l'homme. C'est, pour nous exprimer par les paroles de Marx : « la classe sociale qui n'appartient pas à l'ordre social ; classe qui décompose toutes les autres classes, qui n'a pas besoin pour elle *de droits particuliers*, puisque envers elle ce ne sont pas tels droits spéciaux qui sont violés, mais *le droit* en général ; classe sociale qui ne peut plus invoquer aucun privilège *historique*, mais uniquement sa nature humaine ; qui n'est pas en antagonisme particulier avec tel ou autre résultat de l'ordre politique, mais en antagonisme universel avec toutes les bases de cet ordre ; classe sociale enfin, qui ne peut pas conquérir la liberté pour elle, sans se délivrer de toutes les autres classes sociales, et sans — par cela même — donner la liberté à toutes les classes ; qui représente la perte totale de tout ce qui est inhérent à l'homme, et qui, par conséquent, ne peut conquérir pour elle une place dans la vie qu'en conquérant *tous les droits de l'homme*… Lorsque le prolétariat proclame la dissolution de l'ordre existant, il ne fait qu'exprimer le mystère de sa propre existence, puisque c'est lui précisément qui constitue la dissolution en fait de cet ordre. Lorsqu'il réclame la négation de la propriété individuelle, il élève seulement à la hauteur d'un *principe de l'organisation sociale* ce que la société a posé comme son principe à lui, prolétariat, et ce qui est exprimé *en lui* — comme résultat négatif social, sans aucune collaboration de sa part[8] ».

L'activité créatrice du socialisme trouve donc une matière sociale *réelle* pour atteindre son idéal. Son caractère de classe, loin de s'identifier avec celui des partis de la grande ou petite bourgeoisie, n'est que la nécessité de s'appuyer sur un terrain historique, où d'une manière spontanée, dans le domaine économique, *se développe la question de la délivrance de l'homme*, où ce ne sont plus les institutions des droits politiques ou civils qui sont opprimés, mais l'homme même ; où il ne peut plus être question de remplacer les anciens privilèges par des nouveaux, de conquérir une nouvelle domination de classe sur les autres, car toute domination devient ici une domination économique et, par conséquent, affirmation du joug oppresseur. — L'ancienne bourgeoisie révolutionnaire luttait contre l'oppression des lois féodales pour l'égalité des droits politiques comme caste entière du « tiers état » ; pour émanciper ses intérêts économiques de producteurs et de propriétaires, elle devait, comme caste, comme état, se délivrer politiquement et juridiquement ; elle supprimait les privilèges de caste pour accentuer d'autant plus les caractères économiques de classe. Le prolétariat, par contre, ayant avant tout à faire avec l'exploitation économique, avec le joug du travail et de la famine, par conséquent, avec un joug tout-à-fait *concret*, opprimant non pas une collectivité abstraite de « classe » — mais sa réalité vivante — l'individu, et non pas comme une loi du code, mais comme vie même, ne peut se délivrer autrement qu'en délivrant l'homme en *général*, ne peut supprimer la domination sociale de ses oppresseurs qu'en supprimant en même temps la source de toute domination et esclavage : *l'exploitation du travail humain* comme classe économique ; il est donc en même temps la négation des « classes » en général[9]. — L'histoire, en le rejetant hors du domaine de la propriété, en lui infligeant un joug moins juridique que réel, le joug du travail changé en marchandise et imposé par la faim — pose par cela même devant lui le problème de l'émancipation de l'*individu humain* comme problème de sa propre émancipation. — Le caractère révolutionnaire du prolétariat, son rôle historique comme porteur de l'idéal de l'avenir est donc déterminé *socialement*, avant encore qu'il ne devienne *psychologiquement* la conscience des individus. C'est aussi cette nouvelle âme humaine qui, émergeant historiquement des géhennes du capitalisme, comme sa négation économique et juridique, se transforme sous le souffle vivifiant de l'idée — en négation *morale* du monde actuel, devenant en même temps la force créatrice et le noyau social du monde nouveau… Le nouvel ordre trouvera donc des hommes nouveaux.

§ 12. — Prenant cette thèse dialectique du socialisme comme exemple pour éclaircir le rapport entre l'*idée* et la *chose* dans la vie sociale, ce que nous voyons avant tout, c'est comme une certaine identité des processus moraux et des processus économiques de transformation. Les processus moraux tendent à résoudre les mêmes problèmes qui émanent spontanément des processus économiques. Les processus économiques se chargent de réaliser ce qui, du côté moral, se présente comme un problème finaliste de la création humaine. Mais ce principe optimiste du socialisme scientifique, que le *Fatum* même de l'histoire conspire avec les ouvriers pour la cause de l'ordre futur, ne diminue en rien l'importance du rôle qui incombe à l'intervention humaine consciente. L'évolution économique seule, si nous en éliminions artificiellement l'action de la conscience humaine, ne donnerait aucune garantie qu'elle accomplirait réellement sa promesse, exprimée dans la langue *objective* de la grande industrie, des cartels, de l'organisation sociale du travail, qu'elle aboutirait réellement à l'idéal collectiviste. Considérant les choses du côté purement formel, faisant entrer en compte uniquement ce processus économique *abstrait*, on pourrait même admettre avec M. de Greef, que « le développement historique caractérisé, dans la période capitaliste, par la concentration de la propriété foncière, du commerce, de l'industrie et des agents de la circulation, peut aboutir tout aussi bien à la décomposition de l'État moderne, au profit d'une nouvelle féodalité[10] qu'à une socialisation plus complète. » (de Greef, *Transformisme social*, p. 286). Mais l'évolution économique ne se fait jamais sans révolutionner les esprits, et ne peut avancer qu'autant que s'introduisent dans son processus des agents de nature psychique, les désirs et les facultés sociales, le degré de culture et le génie technique du siècle, des idées qui, émanant des rapports « matériels », doivent tendre aux transformations matérielles, tout comme l'onde du sentiment sortant des profondeurs de l'organisme humain, l'émotion cénesthétique, réagit néanmoins sur cet organisme, et comme son corrélatif psychique est en même temps formé par elle et la forme à son tour. Sur le terrain favorable de l'économie naturelle des tenures censives du féodalisme se développe avec une grande force le fanatisme religieux mystique, qui aboutit au fait aussi essentiellement idéologique que les croisades ; celles-là cependant, en ouvrant des voies nouvelles à la culture et à la technique sociale, produisent comme résultat la décomposition de l'économie naturelle et de la « Robinsonade » des tenanciers, c'est-à-dire la négation de leur source « objective » primitive. Le phénomène économique, en passant dans son expression *idéologique*, se nie lui-même. — Donc, la dialectique de la vie ne correspond nullement à la dialectique *formelle*. Ce que formellement, à l'aide de l'abstraction, nous discernons en catégories distinctes « économiques et morales », et dont nous indiquons le degré différent de valeur évolutive par ces termes du matérialisme historique : base et superstructure, tout cela — dans la réalité sociale — constitue une intégralité vitale, qui ne connaît aucune classification du raisonnement formel, conformément au « monisme » objectif de la vie, qui développe d'un seul et même cerveau humain toute son hétérogénéité colorée d'éléments productifs, consommateurs, moraux, religieux et politiques. Donc tandis que la dialectique formelle recherche dans les phénomènes économiques seuls la négation du processus économique donné et oppose à la thèse économique, selon la règle, l'antithèse *économique*, la dialectique de la vie sociale, par contre, exprimant le vrai « monisme », dégage des rapports matériels l'élément destructeur psychique et oppose à la thèse économique l'antithèse *morale*, pour cette simple raison qu'il n'y a pas de processus économiques ni de formes objectives et juridiques de la vie sociale qui ne cachent dans leur sein, au fond de leur contenu vivant, la force psychique des générations passées et actuelles. — Le capital, ruinant les castes féodales, l'économie naturelle, le monopole des métiers, la décentralisation politique, a révolutionné en même temps l'esprit humain ; mais ce même capital n'aurait pu apparaître si la faculté productrice de la société s'était arrêtée à sa phase féodale, ne donnant que la plus-value de *valeurs d'usage*, la plus-value *consommée*, si elle n'était pas parvenue à la création de cette nouvelle plus-value, d'un caractère productif et social, qui, n'apparaissant que pour procréer sa postérité, avec la destinée d'une immortelle fécondité, a transformé les simples instruments de satisfaction des besoins humains en *capital*. Or, pour que la technique et la culture sociale pussent se développer ultérieurement, pour qu'elles pussent amener la productivité du travail individuel à la création de la plus-value capitaliste, il a fallu pour cela l'action commune de tous les agents politiques et moraux, qui, à partir du XIIe siècle, élaboraient lentement une nouvelle vie à l'intérieur du monde féodal, séparant la campagne de la ville, formant le marché international et l'État moderne, différenciant le type homogène des tenanciers censitaires en classes sociales nouvelles, dans lesquelles se forme la vivante personnification du capital, le capital dans sa double face humaine : la bourgeoisie et le prolétariat. Sans tous ces agents, produits de l'action commune de tous les désirs et idées sociaux, depuis les courants les plus « idéaux » de l'esprit, jusqu'à l'instinct le plus simple de la faim, sans eux, la technique sociale du féodalisme, la technique des corporations d'artisans et des manses censitaires, n'auraient pas fait *spontanément* un seul pas en avant ; et puisque c'est elle seule qui peut transformer la *forme de la production*, cette base des rapports économiques, toute la vie « économique » se serait par conséquent arrêtée à son ancienne formule de l'économie *naturelle*, si elle avait été abandonnée à *elle-même*, si réellement elle avait été isolée de l'*ensemble* de la vie sociale comme son processus fondamental. Il est tellement vrai que la dialectique de l'histoire construit ses cycles de transformations avec des éléments *hétérogènes*, qu'ayant affaire avec le phénomène économique, elle en dégage les agents idéologiques latents, qui aboutissent à la négation *économique*, de même qu'ayant affaire avec un phénomène idéologique, elle arrive à sa négation par l'intermédiaire des agents économiques : le fanatisme religieux du moyen-âge entraîne la société féodale dans la coopération avec les marchés de l'Orient, préparant de cette manière le terrain technique et culturel pour le capitalisme, dont le résultat moral immédiat est l'indifférence religieuse.

§ 13. — Pour comprendre cette question il faut cependant considérer de plus près la différence qui existe entre la dialectique formelle et celle de la réalité historique. La dialectique est l'expression logique de l'évolution des phénomènes. Considérer le monde au point de vue évolutionniste, c'est le considérer comme un phénomène à l'opposé de l'inconnaissable « chose en soi », comme une série d'existences éphémères où aucune réalité *métaphysique* ne trouve place. L'évolutionnisme, à l'opposé du pur « naturalisme », enlève aux témoignages de la nature toute valeur absolue. Montrant la nature comme « créant continuellement pour pouvoir détruire, et incapable de produire rien de durable » (Schopenhauer) — l'évolutionnisme saisit le vrai sens du monde avec lequel nous avons affaire, la relativité de sa valeur, son caractère purement phénoménal, étranger à tout absolu. Mais, ramenant les faits de la vie à la valeur de phénomènes d'un caractère relatif, nous devons aussi les considérer dans leur *causalité*, dans leur continuité et ressemblance essentielle, et exclure de tout *novum absolutum*, incompatible avec la causalité. Poursuivre l'évolution d'un certain phénomène, c'est ramener une série de phénomènes hétérogènes, différenciés, individuels, à l'élément qui leur est commun, à une certaine unité ; par exemple, on ne peut étudier l'évolution des vertébrés que si l'on ramène les différents types d'espèces à un caractère anatomique commun à eux tous, la *corde dorsale*. Les êtres absolument différents ne peuvent entrer dans une chaîne évolutive, de même qu'ils ne peuvent se nier mutuellement ; le son ne peut pas constituer le contraste de la lumière ; la thèse et l'anti-thèse conditionnent réciproquement leur caractère. La conception évolutionniste du monde en est donc en même temps la conception moniste. La dialectique, comme fidèle interprète de l'évolution objective, doit par conséquent reproduire ce même double procès : développer l'unité en hétérogénéité, et ramener l'hétérogénéité à l'unité[11]. Appliquée aux phénomènes sociaux, elle ne peut pas reconnaître leur classification en économiques, moraux, politiques, laquelle est d'une nature formelle, conceptuelle. Car dans la vie ils sont si intimement reliés entre eux, que le changement dans l'une des catégories entraîne le changement des autres, et aucune catégorie de faits n'est isolée, ni limitée d'une manière distincte lorsqu'on les considère dans le mouvement, dans l'évolution, c'est-à-dire dans l'unique réalité de la vie. Ainsi, par exemple, les phénomènes économiques se ramènent à la forme de la production, et la forme de la production à la formule technique et culturelle du rapport de la productivité aux besoins ; or, le degré de la productivité sociale du travail et des besoins de la culture vitale est influencé par toute une foule de faits sociaux, par le progrès des sciences, l'état de la lutte des classes, les modifications de la constitution politique, les mœurs, les guerres, le système fiscal et celui de l'éducation, le développement des beaux arts etc. Lorsque nous envisageons les phénomènes à l'état statique, alors seulement ils se discernent en certaines classes nettement délimitées, alors seulement on peut considérer à part les faits économiques, moraux, politiques ; mais alors aussi nous considérons plus les conceptions que les choses mêmes. Le caractère constant et rigoureusement limité d'une certaine catégorie de phénomènes ne se retrouve que dans les *définitions* ; lorsque cependant, nous délivrant de la définition, nous regardons la réalité de la vie, les phénomènes dans leur *devenir*, ce caractère s'efface, les catégories empiètent les unes sur les autres, et un phénomène donné, économique par exemple (la manufacture capitaliste, la ferme à corvée) revêt comme un caractère de « symbole » de toute une vie sociale, résume dans sa nature tous les courants émanés de l'esprit humain. Comme c'est seulement dans la *définition* conceptuelle qu'apparaissent les abstractions pures d'une certaine couleur, d'une certaine forme, intensité, etc., tandis que le phénomène même n'y correspond pas, la réalité ne connaît pas de couleur sans forme, ni d'intensité sans couleur, et réunit en elle l'hétérogénéité qualitative ; de même, derrière les définitions pures des phénomènes sociaux se dressent les moments de la vie même, la fusion des différents éléments potentiels, qui confèrent au phénomène la force de développement et font qu'il doit évoluer continuellement. Par contre, toute abstraction, étant une homogénéité éliminée de la vie, reste toujours morte ; la forme de la production ou de la propriété, si elle existait dans la vie sociale réelle telle qu'elle existe dans le cerveau des savants, serait absolument stérile, incapable d'un processus de développement. Or, nous rappelant cette vérité inductive que chaque phénomène social est le produit d'agents hétérogènes de la vie, qu'il les symbolise en lui pour ainsi dire sans jamais réellement correspondre à la pure définition qui le représente dans notre intellect, nous devons en même temps reconnaître qu'il n'existe pas de série causale de phénomènes d'une même catégorie, qu'il n'existe point d'évolution économique, politique, morale, qu'on ne peut parler de séries plus importantes ou moins importantes, de premier ordre ou de second ordre, vu que nulle de ces séries ne pourrait se produire par elle-même, chacune n'étant qu'un seul côté, isolé dans notre conception, de la totalité de la vie. Par suite nous pourrons traduire les séries historiques de toutes sortes de faits sociaux, en n'importe quelle d'entre elles. Nous pouvons toujours retrouver le corrélatif économique des processus religieux, moraux, politiques, et de même inversement. Les mêmes contradictions qui sont inhérentes à la proposition des sociologues du XVIIIe siècle, qui voyaient dans l'ordre politique la cause principale de tous les phénomènes sociaux, à savoir que les mœurs et les idées sont le résultat de l'ordre politique, tandis que ce même ordre politique doit être, à son tour, le résultat de certaines idées et mœurs, les deux propositions étant également justifiées, ces mêmes contradictions se retrouvent lorsqu'on attribue à n'importe quel côté de la vie sociale un rôle exceptionnellement privilégié. La forme de la production des tenures censives a produit les lois féodales et le régime décentraliste, vassal, formant des idées et des mœurs correspondantes. Mais il est également vrai que les conditions politiques d'alors, les mœurs et la religiosité, imprimant à l'esprit humain un cachet particulier, le tenant dans certaines entraves, influençaient par cela même les facultés productives et les besoins culturels, qui partout et toujours conditionnent nécessairement l'état donné de la technique sociale et la forme de la production qui lui correspond ; car ni la tenure censive ni la production corporative ne pourraient exister avec la technique et la culture capitalistes. De même on peut affirmer que la décentralisation politique du féodalisme résultait de l'économie *naturelle* ; un fief, étant une unité économique se suffisant à elle-même, n'avait pas besoin d'une politique nationale et d'un état centralisé. Mais ce même fait de la décentralisation politique doit aussi être considéré comme une des principales causes de la durée de l'économie naturelle, car il a été un des plus importants obstacles au développement du commerce. La disparition de l'économie naturelle, l'avènement du féodalisme monétaire, des grandes fermes seigneuriales à corvée, de la séparation entre la ville et la campagne, etc. transforment d'une manière radicale les mœurs et les idées du moyen-âge ; or, parmi ses causes, à la place principale, il y a les croisades, c'est-à-dire le résultat direct de toute l'idéologie féodale.

Conformément donc à la nature des phénomènes sociaux, qui unissent en eux les éléments hétérogènes de la vie humaine, la dialectique de l'histoire ne recherchera pas la négation d'un phénomène économique donné exclusivement dans son contenu économique, la négation d'un phénomène moral dans son contenu moral, mais, arrachant le voile de son apparente homogénéité formelle, le concevant dans son unique réalité de *devenir* continuel, elle montrera dans son intérieur la richesse de l'hétérogénéité vitale. L'élément complexe de destruction dissimule sous la forme unitaire le caractère révolutionnaire moral des faits économiques, et le caractère révolutionnaire économique des faits moraux. La dialectique formelle, fidèle à l'*intellectualisme*, reconnaît une valeur réelle aux abstractions conceptuelles, regarde la vie par le prisme de la définition, et ne pouvant apercevoir sous la forme homogène des phénomènes sociaux leur contenu hétérogène vital, est forcée de rechercher la négation du phénomène donné dans son changement *quantitatif*. Ayant donc à faire avec l'ordre économique actuel, l'intellectualiste apercevra la cause unique de la naissance de son anti-thèse dans le processus de la concentration du capital, dans l'agglomération des unités productives, l'organisation des cartels, etc., d'après la formule : la variation quantitative du phénomène aboutit à sa négation qualitative. Par contre, la vraie dialectique, qui considère non seulement les processus de la vie, les séries de phénomènes, mais aussi chacun de leurs chaînons, chacun des phénomènes mêmes, du point de vue dialectique, c'est-à-dire dans leur *devenir*, — cette unique réalité objective, — la dialectique, qui est l'expression précise de l'évolution de la vie, doit rompre complètement avec tout intellectualisme, et au lieu d'opérer avec les définitions des phénomènes, des abstractions conceptuelles isolées de la vie, et concevoir les phénomènes tels qu'ils se manifestent dans leur devenir, par conséquent, non pas substituer aux faits réels une *homogénéité formelle*, mais considérer l'*hétérogénéité vitale*, que l'évolution nous révèle dans chaque fait en apparence simple, comme les uniques *données* de la réalité. Et alors, fidèle à l'histoire, elle verra la négation des faits existants, non seulement dans leur changement *quantitatif*, mais aussi dans cette richesse *qualitative*, qui, étant l'élément latent de la vie même, constitue le véritable élément de leur destruction, le germe intérieur de leur mort.

§ 14. — Si donc, nous envisageons *dialectiquement* la question du communisme futur, alors nous devrons reconnaître immédiatement que les rapports « matériels » seuls, ne peuvent pas le déterminer entièrement ; que ni la concentration du capital, ni les cartels de production et de consommation, ni l'agglomération spontanée des ouvriers sous la direction de la grande industrie ne peuvent constituer la raison suffisante de son avènement. Car le capitalisme, de même qu'il est né de la coopération de l'*idée* et de la *chose*, de même il doit mourir par une nouvelle coopération de l'idée et de la chose. À son berceau, — l'or des marchands, accumulé par l'échange, les ateliers des métiers et les fermes seigneuriales avaient été fécondés par le nouveau génie de la productivité et des besoins culturels ; l'idée de « liberté » et des « droits de l'homme » conquérait pour lui les bras affranchis des salariés ; l'État « national », érigé sur la banqueroute morale des seigneurs féodaux, lui ouvrait de nouveaux marchés ; la bourgeoisie, — ce véritable *cerveau* du capitalisme, — veillait sur ses intérêts historiques, révolutionnant *consciemment* les mœurs, la science et la religion, les lois politiques et civiles, et on pourrait dire que le « fatum » de l'histoire fut définitivement conquis pour le capitalisme par la création finaliste de la bourgeoisie. Un drame analogue de la vie doit se répéter autour de son cercueil, qui est en même temps le berceau du communisme. Toutes les puissances sociales, aussi bien économiques que morales, doivent livrer ici un combat acharné pour la naissance du monde nouveau. À la concentration des capitaux doit s'opposer le démocratisme « idéologique », les hautes exigences culturelles des expropriés ; les droits politiques du peuple, se heurtant contre le monopole économique, doivent arriver à la négation politique de l'État qui soutient ce monopole ; l'idée « de l'émancipation de l'homme », supprimant les préjugés moraux de la propriété et du travail, affranchira en même temps les gigantesques forces de la technique sociale, qui sommeillent aujourd'hui, et sera réalisée par elles. Le fatum aveugle de l'histoire, à ce tournant critique, cherche un nouveau cerveau pour s'y contempler lui-même. Enchevêtré dans la conscience humaine, puisant dans les âmes humaines toute sa sève vitale, sa force d'évolution, il doit obéir aux volontés de cette *conscience* qu'il a lui-même élevée dans son sein par un long processus spontané, comme produit de la décomposition universelle, comme « idéologie » du prolétariat. Et, arrivé à se contempler lui-même, à se connaître lui-même, le fatum de l'histoire incline humblement la tête devant cette nouvelle conscience dont il s'est couronné lui-même, hésite, nie son existence, attendant le « fiat » décisif de la volonté humaine consciente. Comme la nature inconsciente, arrivée dans son évolution à la conscience de l'homme, se soumet à l'homme, de même l'histoire, arrivée à la connaissance de soi dans l'*idéologie* de la classe sociale qui est l'expression humaine de ses processus de développement objectif, se soumet à la direction consciente de cette classe. Or, là où apparaît la conscience humaine, l'homme comme être pensant, là s'ouvre aussi un champ libre pour la création finaliste. Le fatum historique du capitalisme, ayant produit la conscience du prolétariat, se nie lui-même ; arrivé au tournant où naît le nouveau monde du communisme, il se révèle comme impuissant et stérile. Le prolétariat conscient doit lui prendre sa place. L'histoire, « conspirant avec les ouvriers, est cependant incapable d'introduire le » communisme dans la chaîne de son aveugle nécessité ; il reste un *idéal* à conquérir, un *but* pour l'activité consciente.

L'optimisme du socialisme scientifique n'exclut donc nullement l'intervention humaine, la politique faisant l'histoire, mais, au contraire, en indiquant une force créatrice donnée, — le prolétariat, le caractère dialectique de l'histoire, — une continuelle coopération entre les agents idéologiques et matériels, elle en accentue d'autant plus l'importance. C'est pourquoi, malgré l'association spontanée des ouvriers sous le commandement des grands capitaux, le socialisme les appelle à l'union idéologique ; malgré l'existence des modèles « objectifs » de l'avenir au sein de la technique capitaliste, il s'efforce d'inculquer aux cerveaux humains ses modèles « idéaux » ; c'est aussi pourquoi, — au lieu d'accélérer le développement matériel en collaborant avec le capital dans son action destructive des anciennes formes de la petite production et de la petite propriété, au lieu de devenir l'allié de la grande bourgeoisie moderne, qui produit les cartels, les sociétés par actions et les débâcles de bourse, — il n'accélère que le développement *idéologique* de la société, il prend sur lui la tâche de révolutionner moralement l'humanité, de former cette nouvelle âme collective qui saura nier *consciemment* l'ordre social actuel.

C'est ainsi que se présente le rapport de l'idée et de la chose dans la transformation sociale, le rôle de la création humaine consciente vis-à-vis du déterminisme évolutionniste, si nous considérons les problèmes de la dialectique historique dans le sens du principe phénoménaliste, qui cherche dans le cerveau humain la raison suffisante de la vie sociale.

↑ Cet article est la suite de mon travail *Les bases psychologiques de la Sociologie* (principe du phénomène social), publié dans la *Revue internationale de sociologie*, nᵒˢ 8, 9 et 10, 1897, et en brochure (Giard et Brière), qui en forme la prémisse philosophique nécessaire.

↑ « Les rapports sociaux sont intimement liés aux forces productives. En acquérant de nouvelles forces productives, les hommes changent leur mode de production, et en changeant le mode de production, la manière de gagner leur vie, ils changent tous leurs rapports sociaux. Le moulin à bras nous donnera la société avec le suzerain, le moulin à vapeur, la société avec le capitalisme industriel ». (K. Marx, *Misère de la philosophie*)

↑ Voir à ce sujet les recherches de *Rodbertus* « sur l'antiquité classique ».

↑ Le bénéfice du capital ne présente donc pas une nature homogène ; on y retrouve toujours ces deux parties composantes, qui sont des catégories *historiques*. La première (la plus-value féodale, individuelle), quand elle va jusqu'au luxe, attire habituellement sur elle l'indignation moralisatrice des économistes dans les pays dont l'industrie est peu développée.

↑ Je trouve chez P. Krapotkine la même idée, exprimée dans une belle image psychologique, sur l'homme qui sauve un enfant qui se noie. V. « *L'Anarchie dans l'Évolution sociale* », p. 23-5.

↑ « La classe ouvrière, dans son développement historique, remplacera l'ancienne société bourgeoise — par l'association, qui supprimera les classes et leurs antagonismes, ce qui fera disparaître aussi le pouvoir politique, puisque tout pouvoir politique n'est qu'une expression officielle de l'antagonisme dans la société bourgeoise. » (K. Marx, *Misère de la Philosophie*).

↑ Voir : Becker, *Manifeste au peuple agricole*, publié par la section génévoise de l'Association Internationale des Travailleurs, en 1870.

↑ K. Marx, *Critique de la philosophie du droit de Hégel*. (*Devenir social*, 1896).

↑ C'est pourquoi le terme « Dictature du Prolétariat », employé quelquefois, contient deux notions qui s'excluent mutuellement. — K. Marx dit : « La condition de la délivrance de la classe ouvrière est la suppression de toutes les classes, de même que la condition de la délivrance du tiers État, de l'état bourgeois, était la suppression de tous les États. » (*Misère de la Philosophie*).

↑ Prenant le mot « féodalité » au sens de monopolisme des grands industriels.

↑ Je ferai observer en passant, que la dialectique ainsi formulée, est un reflet fidèle du processus psychologique du développement d'une proposition (jugement), c'est-à-dire d'une unité de la pensée, à partir d'une *unité psychique* ; processus, qui d'un moment homogène de la conscience, d'une nature émotionnelle, (point de départ pour la pensée) — passe à une hétérogénéité organisée (la synthèse des concepts qui composent le plus simple parcours de la pensée). — La dialectique est donc une copie parfaite de la vie en général transportée dans le domaine du raisonnement.

À propos de cette édition électronique

Table of Contents